QUESTRON

...und Kindern geht spielend ein Licht auf.

Spiel mit!

Erste Zahlen 1 – 10

Otto Maier Ravensburg

QUESTRON

...und Kindern geht spielend ein Licht auf.

Dies ist ein Heft aus der Reihe **Spiel mit!** – die andere Art zu spielen und zu lernen.

Kinder haben einen neuen Spielpartner: **Questron**, den singenden und blinkenden Signalstift. Mit seiner Hilfe wissen sie sofort, ob eine Aufgabe richtig oder falsch gelöst wurde. Rotes Licht und Brummton bedeuten: Falsch, probier's nochmal. Grünes Licht und Sington sagen: Richtig, das hast du gut gemacht. Und wenn es trillert und blinkt, ist sogar eine ganze Folge von Aufgaben richtig gelöst worden.

Questron hat eine lange Lebensdauer und kann für jedes Heft dieser Reihe benutzt werden.

Wichtig: Kein Kind wird entmutigt. Jedes kann seinem eigenem Tempo und Lernrhythmus entsprechend die Übung so lange wiederholen, bis das Ergebnis stimmt.

Bei Regen und Sonne, zuhause und unterwegs – Langeweile kommt nicht mehr auf. Die Reihe **Spiel mit!** macht Lernen zu einem aufregenden Spiel. Und es gibt viele Hefte.

Herausgeber der amerikanischen Ausgabe: Roger Burrows. Illustrationen: Susan Nethery. Herausgeberin der deutschen Ausgabe: Monika Raeithel-Thaler. Pädagogische Betreuung: Dirk Walbrecker. Aus dem Englischen übersetzt von Dirk Walbrecker. Umschlaggestaltung: Serviceplan und Ekkehard Drechsel unter Verwendung einer Illustration von Susan Nethery. Titel der amerikanischen Originalausgabe: My First Numbers.

Europäisches Patent 0 099 920
Printed in Germany

ISBN 3-473-67049-9 Ravensburger Buchverlag
EAN 40-05556-67049-9 Otto Maier Verlag Ravensburg AG

So benutzt du Questron

Halte **Questron** in dieser Schrägstellung und drücke ihn mit seinem **Fühler** fest auf die Seite.

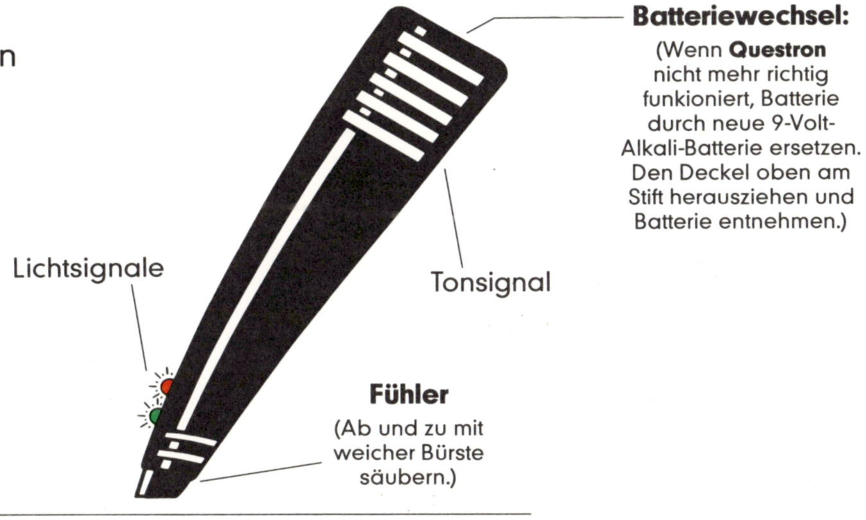

Drücken

Drücke **Questron** fest auf das Antwortfeld, nimm ihn dann weg.

Einem Weg folgen

Drücke **Questron** auf „Start" und führe ihn weiter bis zu „Stop".

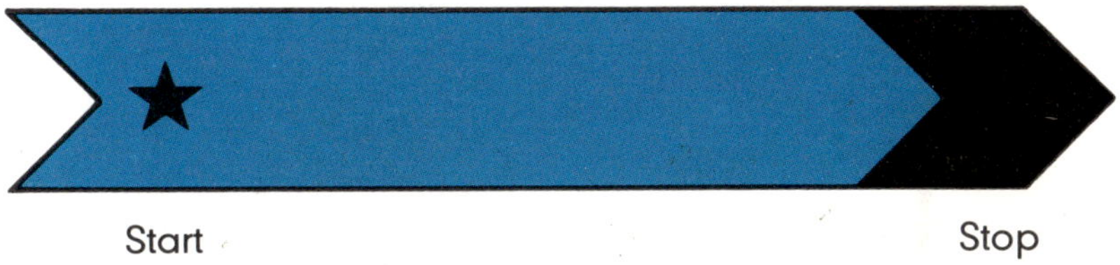

Richtig oder falsch?

Drücke **Questron** auf das Quadrat:

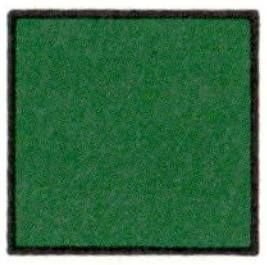

Das grüne Licht und das Tonsignal sagen: Richtig. Das hast du gut gemacht.

Drücke **Questron** auf das Dreieck:

Das rote Licht und das Tonsignal sagen: Falsch. Heb den Stift vom Papier ab bis das Tonsignal aufhört und probier's nochmal.

Drücke **Questron** auf den Kreis:

Das **trillernde** Tonsignal und die blinkenden Lichter sagen: Alles richtig, du hast gewonnen!

Jetzt weißt du, was man alles mit Questron machen kann. Denk daran: Questron immer erst vom Papier abheben, bevor du eine neue Frage beantwortest.

1

Sieh dir die Bilder genau an und suche eines, auf dem nur 1 Tier abgebildet ist. Drücke **Questron** auf das Tier. Findest du noch ein Bild mit einem Tier?

Wieviel?

Vergleiche jedes Bild mit den danebenstehenden Zahlen. Welche Zahl paßt zum Bild?
Drücke **Questron** auf das Antwortfeld unter der richtigen Zahl.

1 2 3 4 5

1 2 3 4 5

1 2 3 4 5

1 2 3 4 5

2

Zeichne mit **Questron** die große 2 nach. So lernst du, die Zahl richtig zu schreiben.

In welchen Bildern siehst du 2 Gegenstände? Drücke **Questron** jeweils auf beide Gegenstände.

Zahlenjagd

Führe **Questron** über die Straße. Mache an jedem Haus halt, auf dem du eine 1 siehst! Drücke **Questron** auf das Antwortfeld. Wenn du das trillernde Tonsignal hörst, hebe **Questron** ab und gehe dann weiter.

Zahlen-rennbahn

Führe **Questron** vom Start bis zum Ziel. Wähle immer den Weg mit der richtigen Lösung der Wolken-Aufgabe.

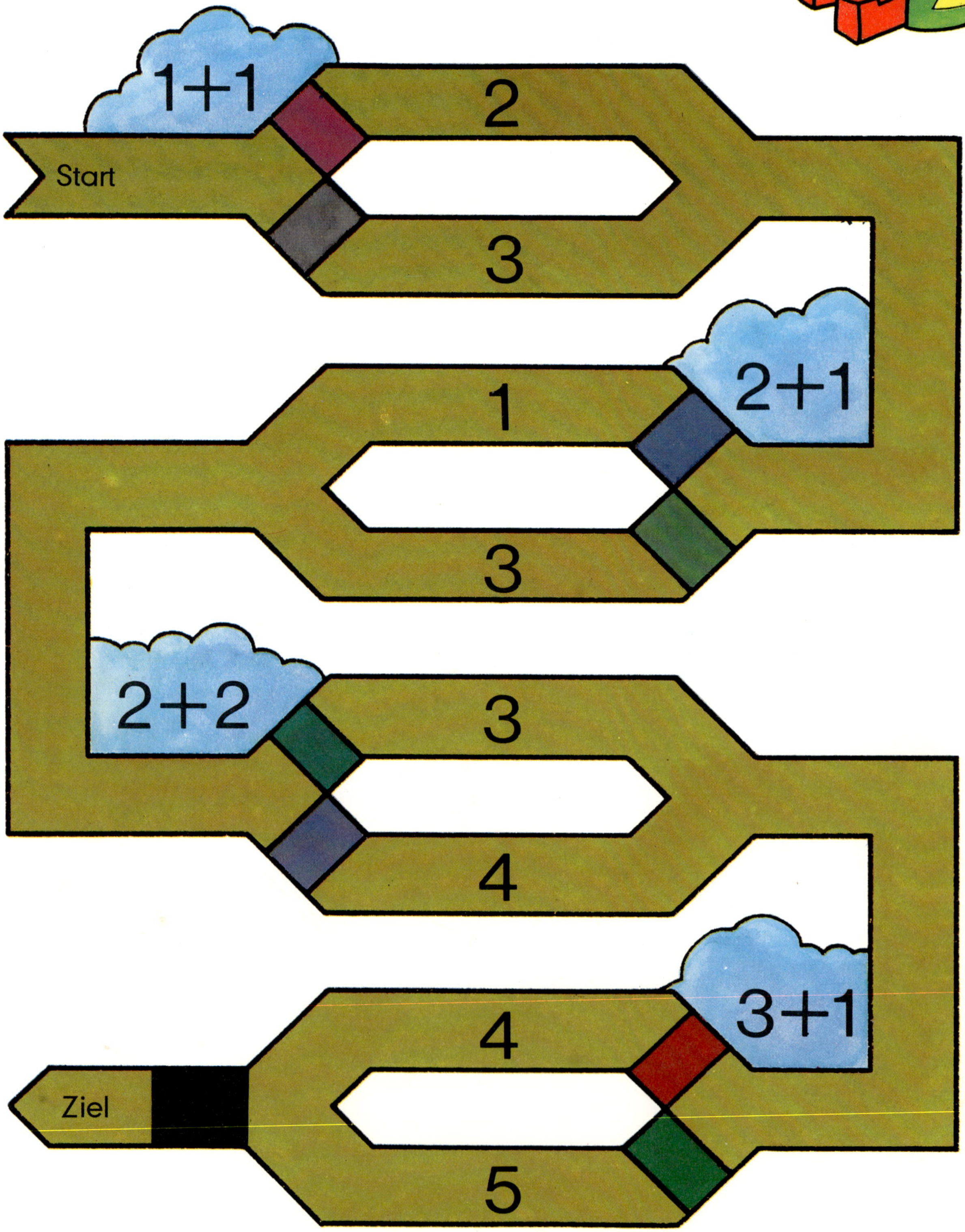

Wie groß ist die Summe?

Ich kann zusammenzählen. Du auch?

Drücke **Questron** jeweils auf den farbigen Kreis mit der richtigen Lösung.

$1 + 1 = ?$	1	2	3	4
$1 + 2 = ?$	1	2	3	4
$2 + 2 = ?$	1	2	3	4
$2 + 1 = ?$	1	2	3	4
$1 + 3 = ?$	5	9	7	4
$2 + 3 = ?$	3	5	2	7

3

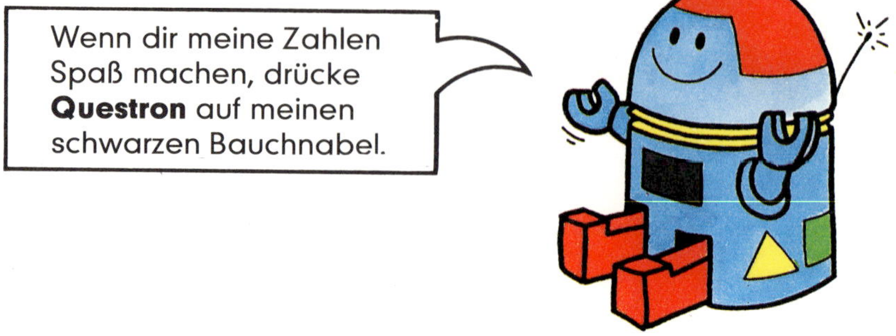

In jedem Bilderkästchen siehst du Tiere von der gleichen Art. Wo sind es 3?
Drücke **Questron** jedes Mal auf alle 3 Tiere.

Wieviel?

Wieviel Stück sind in jedem Bilderkästchen? Drücke **Questron** auf das farbige Antwortfeld unter der jeweils richtigen Zahl.

1 2 3 4 5

1 2 3 4 5

1 2 3 4 5

1 2 3 4 5

4

In welchen Bilderkästchen siehst du 4 gleiche Gegenstände? Drücke **Questron** jedes Mal auf alle 4.

Was ist das Kleinste?

Drücke **Questron** jedes Mal auf das kleinste Tier oder den kleinsten Gegenstand.

Spaß mit Zahlen

Wieviel Tiere sind in jedem Bilderkästchen? Drücke **Questron** jeweils auf das farbige Antwortfeld unter der richtigen Zahl.

1 2 3 4

1 2 3 4

1 2 3 4

5 6 7 8

1 2 3 4

5 6 7 8

Zahlenreime

Drücke **Questron** auf die Zahlen, die sich mit den Gedichten reimen.

Puff, puff, puff,
die Nummer
fährt uns heut'
nach Trier.

2 3 4

(Hinweis: Welche Zahl reimt sich auf 'Trier'?)

Ein Mäuschen in der Nacht um

4 2 1 3

sucht Käsestück,
doch findet keins.

(Hinweis: Welche Zahl reimt sich auf das Wort 'keins'?)

5

In welchen Bilderkästchen siehst du 5 gleiche Früchte? Drücke **Questron** jedes Mal auf alle 5.

Wieviel?

Du bist ein fleißiger Rechner.

	1 2 3 4 5
	1 2 3 4 5
	1 2 3 4 5
	1 2 3 4 5

6

Kannst du eine 6 schon selber malen?

In welchen Bilderkästchen siehst du 6 gleiche Gegenstände? Drücke **Questron** jedes Mal auf alle 6

Zahlenspiele

Führe **Questron** in den ersten beiden Spielfeldern von der Zahl 1 auf dem richtigen Weg zur Zahl 5.
Im untersten Spielfeld mußt du von der Zahl 1 bis zur Zahl 9 gehen.

Wieviel Seiten?

Wieviel Seiten haben die einzelnen Formen? Drücke **Questron** auf das farbige Antwortfeld unter der jeweils richtigen Zahl.

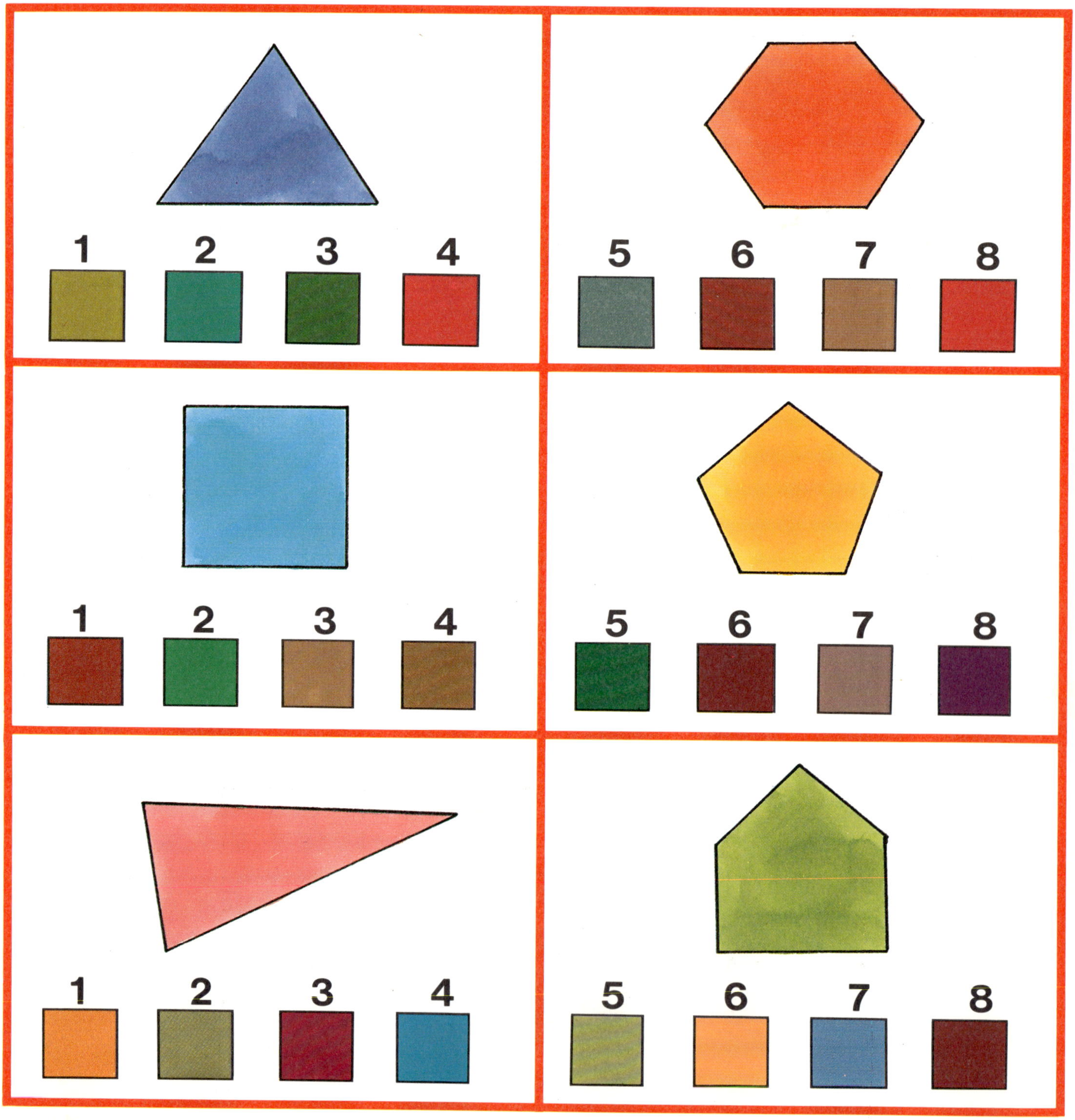

Wie ist die Reihenfolge?

Drücke **Questron** in jeder Reihe auf das farbige Antwortfeld, das den Anfang der Bildgeschichte zeigt.

7

In welchen Bilderkästchen findest du 7 gleiche Gegenstände? Drücke **Questron** jedes Mal auf alle 7.

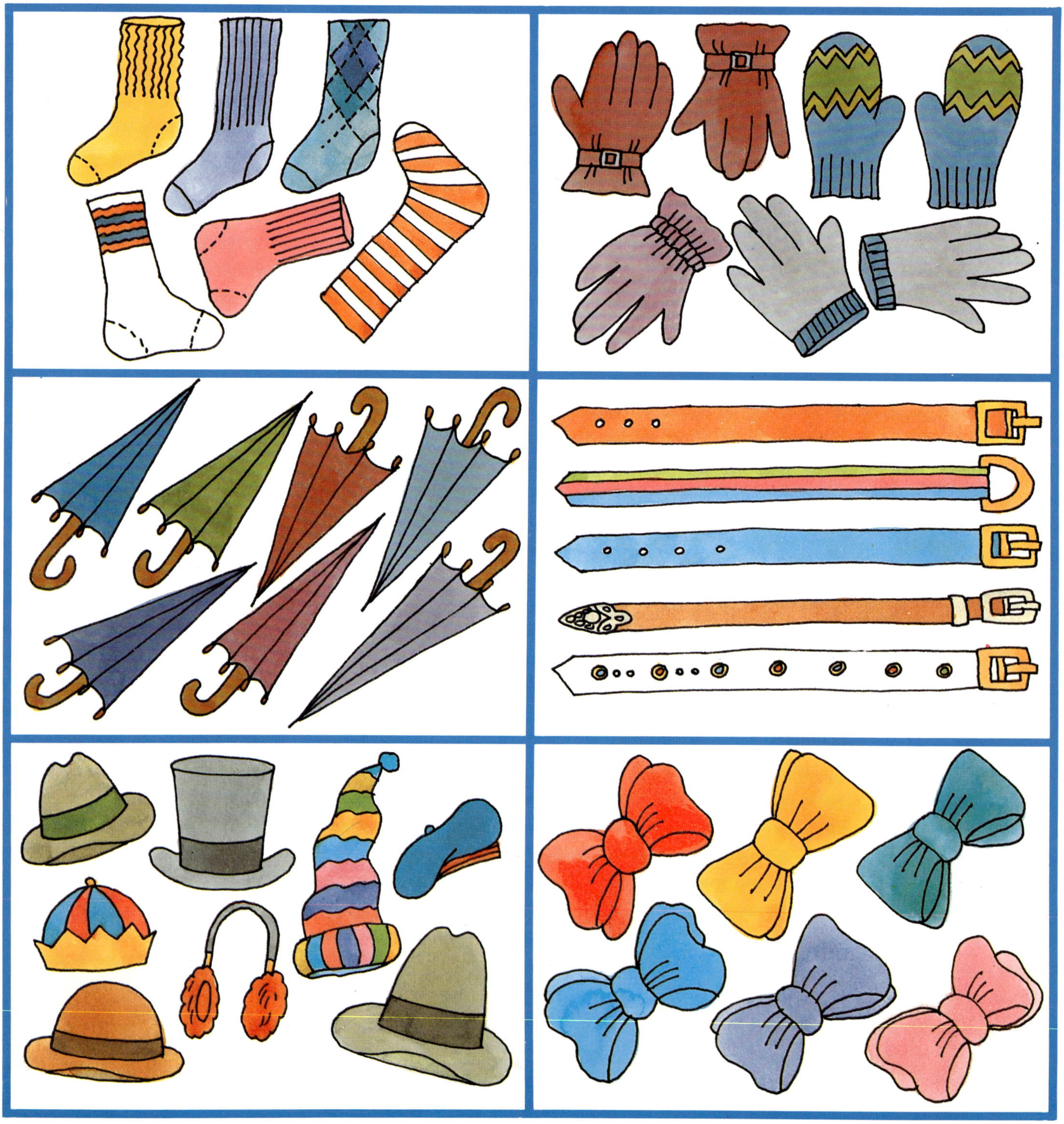

Wieviel?

Wieviel Tiere sind in den Bilderkästchen? Drücke **Questron** auf das farbige Antwortfeld unter der jeweils richtigen Zahl.

5 6 7 8 9

5 6 7 8 9

5 6 7 8 9

5 6 7 8 9

8

In welchen Bilderkästchen siehst du 8 gleiche Dinge? Drücke **Questron** jedes Mal auf alle 8.

Versunkener Schatz

Jetzt kommt eine Zahlenpause zum Erholen. Suche den richtigen Weg vom Schiff bis zur Schatzkiste. Führe **Questron** über die Quadrate. Beginne bei „Start".

Wieviel?

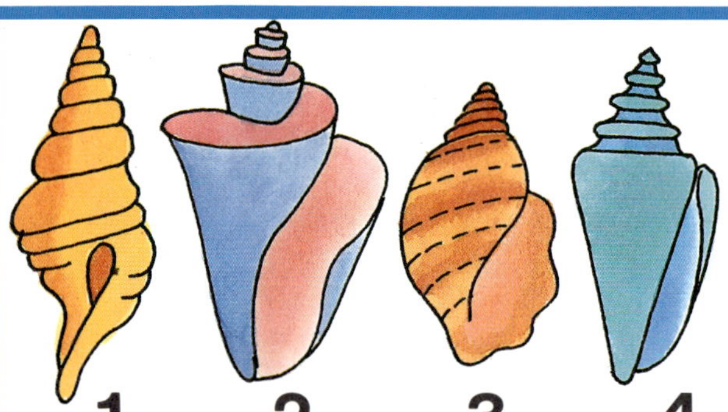

1 2 3 4

5 6 7 8

1 2 3 4

5 6 7 8

1 2 3 4

5 6 7 8

Zahlenquiz

Drücke jeweils auf den farbigen Kreis mit der richtigen Zahl.

Wie viele Seiten hat ein Dreieck? — 3 5 6

Wie viele Räder hat ein Auto? — 5 4 7

Wie oft hast du in einem Jahr Geburtstag? — 1 2 3

Wie viele Buchstaben hat das Wort **Questron**? — 6 7 8

Wie viele Beine haben 2 Mäuse? — 8 10 2

9

In welchen Bilderkästchen siehst du 9 gleiche Tiere?
Drücke **Questron** jedes Mal auf alle 9.

Wieviel?

1 2 3 4 5

5 6 7 8 9

1 2 3 4 5

5 6 7 8 9

10

In welchen Bilderkästchen siehst du 10 gleiche Dinge? Drücke **Questron** jedes Mal auf alle 10.

Noch mehr Zahlenreime

2 3 4 6

...Männer sitzen im Faß,
und werden so nicht naß.

5 4 3 2

...kleine Vögelchen,
die haben sich so gern.
Sie sitzen auf der hohen Wand
und blicken in die Fern.

99 Was du unbedingt noch wissen solltest... große Spürnase...
Von Ravensburger® gibt es außer den lustigen Spielbüchern mit dem schlauen Stift noch viel, viel mehr zum Spielen und Lernen. Kinderspiele, Hobbys, Puzzles, Spiele für dich, deine Freunde, deine Familie und alle Erwachsenen. Außerdem Bücher, Bücher, Bücher. Spannende und aufregende, witzige und lehrreiche, Bilderbücher, Bastelbücher, Sachbücher...
Aber weißt du was, schau dir das doch mal an ...
geh' mit deiner Mami doch einfach mal ins Spielwarengeschäft oder zum Buchhändler.
Tschüüüs, große Spürnase.99